Paramahansa Yogananda
(1893 – 1952)

PARAMAHANSA YOGANANDA

LEGEA
SUCCESULUI

———

Folosirea puterii
spiritului pentru a obține
sănătate, prosperitate
și fericire

Self-Realization Fellowship
FOUNDED 1920 BY PARAMAHANSA YOGANANDA

DESPRE ACEASTĂ CARTE: *Legea succesului* a fost inițial publicată în 1944 de către Self-Realization Fellowship, sub forma unei broșuri, iar de atunci este reeditată încontinuu. A fost tradusă în mai multe limbi.

Titlul original în limba engleză publicat de
Self-Realization Fellowship, Los Angeles (California):
The Law of Success

ISBN: 978-0-87612-150-4

Traducere în limba română de Self-Realization Fellowship

Copyright © 2016 Self-Realization Fellowship

Cu permisiunea Consiliului Internațional
pentru Publicații al Self-Realization Fellowship

Numele și emblema Self-Realization Fellowship (vezi mai sus) apar pe toate cărțile, înregistrările și publicațiile SRF, garantându-i astfel cititorului că lucrarea respectivă provine de la organizația înființată de Paramahansa Yogananda și reproduce cu fidelitate învățăturile sale.

Prima ediție în limba română 2016
First edition in Romanian 2016

Această ediție 2020
This printing 2020

ISBN: 978-0-87612-674-5

1476-J3776

Înțelept este cel care-L caută pe Dumnezeu.
Învingător este cel care L-a găsit pe Dumnezeu.

— *Paramahansa Yogananda*

NOBILUL NOU

Cântă cântece pe care nimeni nu le-a cântat,

Gândeşte gânduri pe care nimeni nu le-a gândit,

Păşeşte pe cărări pe care nimeni nu le-a bătut,

Varsă lacrimi cum nimeni altul pentru
Dumnezeu n-a vărsat,

Dăruieşte pace celor cărora nimeni nu le-a
dăruit-o,

Acceptă-l pe cel pretutindeni respins,

Iubeşte-i pe toţi cu o dragoste pe care nimeni nu
a mai simţit-o şi înfruntă

Bătălia vieţii cu putere descătuşată.

DREPTUL MEU DIVIN

———

Domnul m-a creat după asemănarea Sa. Îl voi căuta mai întâi pe El, asigurându-mă că am intrat în legătură cu El; și apoi, după cum va fi voia Sa, fie ca toate – înțelepciune, belșug și sănătate – să-mi fie oferite în virtutea dreptului meu divin.

Îmi doresc succes fără măsură, dar nu din surse pământești, ci din mâinile Tale atotstăpânitoare, atotputernice, atotdăruitoareTată Ceresc.

LEGEA SUCCESULUI

———

Există oare o putere care să descopere filoane ascunse de bogăție și să dezvăluie comori de neimaginat? Există o forță la care să apelăm ca să ne dea sănătate, fericire și iluminare spirituală? Sfinții și înțelepții Indiei ne învață că da. Ei au demonstrat eficacitatea principiilor adevărului, care vor funcționa și pentru voi, dacă le veți da ocazia.

Succesul vostru în viață nu depinde întrutotul de capacitatea și de pregătirea pe care le aveți, ci și de hotărârea de a profita de șansele care vi se oferă. Șansele în viață vi le creați singuri, ele nu apar la întâmplare. Voi înșivă, acum sau în trecut (incluzând trecutul vieților anterioare), ați creat toate oportunitățile care vă ies în cale. Din moment ce le-ați dobândit, profitați la maxim de ele.

Dacă veți folosi toate mijloacele externe ce vă stau la îndemână, precum și aptitudinile înnăscute de care dispuneți, ca să depășiți orice obstacol ce-o să vă apărea în cale, o să vă dezvoltați astfel puterile dăruite de Dumnezeu – puteri nelimitate, izvorând dinlăuntrul ființei voastre. Sunteți înzestrați cu puterea gândului și cu puterea voinței. Folosiți la maxim aceste daruri divine!

PUTEREA GÂNDULUI

——

Aveți succes sau eșuați în viață conform tendințelor voastre obișnuite de gândire. În mintea voastră care sunt mai puternice – gândurile care conduc spre succes sau cele care conduc spre eșec? Dacă mintea voastră se află în mod obișnuit într-o stare negativă, un gând pozitiv

ocazional nu este de ajuns pentru a atrage succe-
sul. Însă, dacă gândiți corect, vă veți afla scopul,
chiar dacă acesta pare neclar la început.

Voi singuri sunteți responsabili de propria
soartă. Nimeni altcineva nu poate da soco-
teală pentru faptele voastre la judecata de apoi.
Munca voastră în lume – în sfera unde karma,
activitatea voastră trecută, v-a plasat – poate fi
săvârșită numai de voi înșivă. Iar munca voastră
este de „succes" numai dacă servește într-un fel
sau altul aproapelui.

Nu rumegați constant aceeași problemă.
Dați-i din când în când răgaz, și poate se va re-
zolva de la sine; dar aveți grijă ca *voi* să nu ză-
boviți în repaus până când vă pierdeți discer-
nământul. Mai degrabă, folosiți aceste perioade
de răgaz pentru a vă cufunda în ținutul liniștit
al Sinelui vostru. Fiind în armonie cu propriul

suflet, veţi reuşi să aveţi o privire clară asupra a tot ceea ce întreprindeţi; iar dacă cumva vi s-au abătut de la calea cea dreaptă, gândurile ori acţiunile pot fi aduse astfel înapoi. Această putere de armonizare cu Divinul se poate dobândi prin practică şi efort.

Voinţa Este Dinamul

Pe lângă gândirea pozitivă, ca să izbutiţi, trebuie să folosiţi şi voinţa şi lucrul neîntrerupt. Fiecare manifestare exterioară este rezultatul voinţei, dar această putere nu este totdeauna întrebuinţată în mod conştient. Există voinţa mecanică, precum şi voinţa conştientă. Dinamul tuturor forţelor noastre este voliţiunea, sau voinţa. Fără a voi nu poţi merge, vorbi, lucra, gândi sau simţi. Aşadar, voinţa e temeiul tuturor acţiunilor voastre. (Pentru a nu folosi această energie, ar trebui să fiți complet inactivi, fizic și mental. Chiar și atunci când mișcați o mână folosiți puterea voinței. Este imposibil să trăim fără să utilizăm această forță).

Voința mecanică reprezintă întrebuințarea inconștientă a voinței. Voința conștientă este o forță fundamentală ce însoțește hotărârea și efortul, un dinam ce trebuie direcționat cu înțelepciune. Pe măsură ce vă antrenați să vă folosiți voința conștientă, și nu cea mecanică, mai trebuie de asemenea să fiți siguri că este folosită în mod constructiv, nu în scopuri dăunătoare și nici pentru a obține lucruri nefolositoare.

Pentru a dinamiza voința, hotărâți-vă să realizați câteva dintre lucrurile de care nu vă credeați capabili. Încercați ceva simplu la început. Pe măsură ce încrederea în voi înșivă crește și voința

vi se dinamizează, puteți ținti la realizări ceva
mai dificile. Asigurați-vă că ați făcut o alegere
bună și apoi refuzați să acceptați înfrângerea.
Dedicați-vă întreaga putere a voinței îndeplini-
rii, rând pe rând, a câte unui singur lucru; nu
vă risipiți energia și nu lăsați treaba pe jumătate
făcută înainte de a vă apuca de altceva.

PUTEȚI CONTROLA DESTINUL

Mintea este creatoarea tuturor lucrurilor. Așadar
direcționați-o numai spre crearea binelui. Dacă
stăruiți asupra unui anumit gând angajând voința
dinamică, în cele din urmă el va căpăta o formă
exterioară concretă. Atunci când veți fi capabili să
vă folosiți voința numai în scopuri constructive
veți deveni *stăpânul propriului destin*.

Am menționat deja trei modalități importante de dinamizare a voinței: (1) alegeți o sarcină simplă sau ceva pe care nu ați fost niciodată stăpân și hotărâți-vă să reușiți; (2) asigurați-vă că ați ales ceva constructiv și realizabil, apoi refuzați să acceptați eșecul; (3) concentrați-vă asupra unui singur scop, folosindu-vă toate aptitudinile și toate prilejurile favorabile pentru a înainta către acesta.

Dar trebuie să fiți siguri în permanență, înlăuntrul Sinelui vostru împăcat, că ceea ce doriți este bine pentru voi și în acord cu planul lui Dumnezeu. Apoi, puteți folosi întreaga forță a voinței pentru a vă realiza scopul, păstrându-vă totodată mintea centrată asupra gândului către Dumnezeu – Sursa întregii puteri și desăvârșiri.

FRICA REDUCE ENERGIA VITALĂ

———

Creierul uman este depozitul energiei vitale. Această energie este întrebuinţată constant în mişcările musculare, în activitatea inimii, plămânilor şi a diafragmei, în metabolismul celular şi reacţiile sângelui şi în desfăşurarea activităţii telefonice a sistemului nervos senzorial şi motor (a nervilor). Pe lângă acestea, toate procesele de gândire, afective şi volitive necesită o enormă cantitate de energie vitală.

Frica reduce energia vitală; ea este unul dintre cei mai mari duşmani ai voinţei dinamice. Frica stoarce nervii de forţa vieţii – care în mod normal curge constant prin ei – şi îi face să ajungă ca paralizaţi; vitalitatea întregului corp este diminuată.

Frica nu vă ajută să vă eliberați de obiectul ei, ci doar vă reduce puterea voinței. Frica face creierul să transmită semnale inhibitoare către toate organele corpului. Contractă inima, inhibă funcțiile digestive și cauzează multe alte dereglări fizice. Atunci când vă veți păstra conștiința întru Dumnezeu nu veți mai simți nici-o frică, iar fiecare obstacol va fi depășit prin curaj și credință.

Un „vis" este *o dorință fără energie*. Apoi, visul poate deveni „intenție" – planul de a face ceva, de a îndeplini un vis sau o dorință. Dar „voința" înseamnă „*acționez* până îmi realizez visul". Puterea energiei vitale o descătușați numai atunci când vă exercitați voința – și nu atunci când pur și simplu visați, la modul pasiv, că sunteți capabili să atingeți un scop.

EŞECURILE TREBUIE SĂ STIMULEZE HOTĂRÂREA DE A REUŞI

———

Chiar şi eşecurile trebuie să acţioneze ca stimuli ai voinţei şi ai creşterii voastre materiale şi spirituale. Dacă aţi eşuat în ceva ce aţi întreprins, este bine să analizaţi situaţia pe toate feţele, pentru a elimina orice posibilitate de a repeta aceleaşi greşeli în viitor.

Anotimpul nereuşitei este momentul optim pentru a semăna seminţele succesului. Povara circumstanţelor poate să vă lovească, dar ţineţi capul sus. Încercaţi *încă o dată*, indiferent de câte ori aţi eşuat. Luptaţi chiar şi atunci când vi se pare că nu mai puteţi continua lupta sau când credeţi că aţi făcut deja tot ce vă stătea în putere, ori până când eforturile vă vor fi încununate de succes. Iată mai jos o scurtă istorioară lămuritoare.

A şi B se băteau. După ce se lovirā cât se lovirā, A își spuse: „Nu mai pot". Dar B se gândi: „Îi mai dau un pumn", i-l dădu şi aşa căzu A la pământ. Şi voi trebuie să procedaţi la fel; daţi o ultimă lovitură. Folosiţi puterea invincibilă a voinţei pentru a depăşi toate obstacolele ce apar în viaţă.

Eforturile sporite de după eşecuri aduc adevărata creştere. Dar acestea trebuie bine planificate şi încărcate cu intensitatea crescândă a atenţiei şi cu impulsul voinţei.

Să presupunem că *aţi* eşuat până acum. Ar fi o prostie să renunţaţi la luptă, acceptând eşecul ca pe un decret al „sorţii". Mai bine să muriţi încercând, decât să abandonați eforturile atâta timp cât încă mai există posibilitatea de a realiza ceva; pentru că, și după moarte, strădaniile voastre vor trebui curând reluate într-o nouă viață. Succesul și înfrângerea sunt urmarea dreaptă a ceea ce ați făcut în trecut, *plus* a ceea ce faceți acum. Trebuie deci să stimulați toate gândurile de succes ale vieților trecute până când sunt readuse la viață și devin capabile să anuleze influența tuturor tendințelor de eșec din viața actuală.

Un om de succes poate că a avut de depășit dificultăți mai mari decât cel care a eșuat, dar s-a antrenat să elimine constant gândurile de eșec. Trebuie să vă deplasați atenția de la eșec la succes, de la grijă la calm, de la dezordine mentală la concentrare, de la neliniște la pace și de la pace la beatitudinea divină interioară. Când veți atinge această stare de realizare interioară, scopul vieții voastre va fi atins în mod glorios.

Necesitatea Autoanalizei

———

Un alt secret al progresului este autoanaliza. Introspecţia este o oglindă în care puteţi întrezări unghere din mintea voastră ce altfel ar rămâne ascunse. Diagnosticaţi eşecurile şi deosebiţi tendinţele bune de cele rele. Analizaţi cine sunteţi, ce vreţi să deveniţi şi ce neajunsuri vă împiedică să o faceţi. Aflaţi care este natura adevăratei voastre sarcini – misiunea voastră în viaţă. Străduiţi-vă să vă transformaţi în ceea ce ar trebui să deveniţi şi în ceea ce vreţi să deveniţi. Dacă îl păstraţi pe Dumnezeu în minte şi vă puneţi de acord cu voinţa Sa, veţi progresa din ce în ce mai mult pe calea pe care v-aţi ales-o.

Scopul vostru ultim este să vă găsiți drumul înapoi la Dumnezeu, dar aveți și ceva de realizat în lume. Puterea voinței, îmbinată cu inițiativa, vă va ajuta să identificați și să îndepliniți acea sarcină.

Puterea Creatoare A Inițiativei

———

Ce este inițiativa? Este o facultate creatoare dinlăuntrul vostru, o scânteie a Creatorului infinit. Vă poate dărui puterea de a crea ceea ce nimeni înaintea voastră nu a mai creat. Vă îndeamnă să faceți lucrurile într-un mod diferit. Realizările unei persoane cu inițiativă pot fi la fel de spectaculoase ca o stea căzătoare. Aparent, creând ceva din nimic, o astfel de persoană demonstrează că ceea ce pare imposibil poate deveni posibil, prin

întrebuinţarea marii puteri inovatoare a Spiritu-
lui.

Iniţiativa vă dă posibilitatea să staţi pe propri-
ile picioare, liberi şi independenţi. Este unul din
atributele succesului.

Vedeţi Imaginea Lui Dumnezeu În Toţi Oamenii

———

Mulţi sunt cei care îşi trec cu vederea propriile
defecte, dar îi judecă aspru pe ceilalţi. Trebuie să
inversăm această atitudine, iertând neajunsurile
celorlalţi şi examinându-le aspru pe ale noastre.
Uneori este necesar să-i analizăm pe ceilalţi, dar
în acest caz este important de reţinut că trebuie să
o facem în mod obiectiv. O minte imparţială este
ca o oglindă clară, ţinută drept, fără să oscileze

sub influenţa judecăţilor pripite. Orice persoană reflectată de acea oglindă ne va oferi o imagine de sine nedistorsionată.

Învăţaţi să-L vedeţi pe Dumnezeu în toate fiinţele umane, de orice rasă sau credinţă. O să aflaţi ce este iubirea divină atunci când o să începeţi să simţiţi că sunteţi una cu fiecare individ, şi nu înainte de asta. În ajutorul reciproc uităm de limitările micului eu şi întrezărim Sinele nemărginit, Spiritul care unifică toţi oamenii.

Obişnuinţele De Gândire Ne Controlează Viaţa

Succesul este grăbit sau întârziat de obişnuinţele noastre.

Nu atât inspiraţiile trecătoare sau ideile

excepționale, cât obiceiurile mentale zilnice sunt cele care vă controlează viața. Obișnuințele de gândire sunt magneți mentali care atrag spre voi anumite lucruri, oameni și împrejurări. Obiceiurile mentale bune atrag beneficii și ocazii prielnice. Obiceiurile mentale proaste vă împing către persoane materialiste sau medii nefavorabile.

Dezbărați-vă de un obicei prost ținându-vă departe de orice îl prilejuiește sau îl stimulează, *fără a vă concentra însă asupra lui în zelul vostru de a-l evita*. Apoi îndreptați-vă mintea spre un obicei bun și cultivați-l cu temeinicie până când devine parte din voi.

În permanență avem în sinea noastră două forțe care se războiesc. O forță ne spune să facem lucrurile pe care nu trebuie să le facem, iar cealaltă ne îndeamnă să facem lucrurile pe care trebuie să le facem, dar care ne par dificile. O voce este cea a răului, iar cealaltă este cea a binelui, sau a lui Dumnezeu.

Dificilele lecții zilnice vă vor lămuri uneori că obiceiurile proaste hrănesc copacul dorințelor materiale celor fără de număr, pe când obiceiurile bune hrănesc copacul aspirațiilor spirituale. Trebuie să vă concentrați eforturile, tot mai mult și mai mult, spre maturizarea cu succes a copacului spiritual, pentru ca, într-o bună zi, să puteți culege roadele realizării Sinelui.

Dacă puteți scăpa de tot felul de obiceiuri și tipare proaste și dacă puteți face bine numai pentru că doriți să faceți bine, și nu pentru că răul aduce necazuri, atunci progresați cu adevărat în Spirit.

Numai atunci când vă lepădați de obiceiurile proaste deveniți un om cu adevărat liber. Nu veți fi un suflet liber până când nu veți deveni un maestru în stare să vă controlați, să faceți lucrurile pe care trebuie să le faceți, care poate că nu ați vrea să le faceți. *În această putere de autocontrol stă sămânța eternei libertăți.*

Am menționat deja câteva atribute importante ale succesului – gândirea pozitivă, voința dinamică, autoanaliza, inițiativa și autocontrolul. Multe cărți populare pun accentul pe una sau mai multe dintre acestea, dar au neajunsul de a nu da credit Puterii Divine dinapoia lor. *Acordarea cu Voința Divină este cel mai important factor în atragerea succesului.*

Voința Divină este puterea care mișcă cosmosul și toate din el. Voința lui Dumnezeu a fost cea care a aruncat stelele pe cer. Voința Sa ține planetele pe orbită și orânduiește ciclurile nașterii, creșterii și descompunerii în toate formele de viață.

PUTEREA VOINȚEI DIVINE

———

Voința Divină nu are margini, se împlinește prin legi cunoscute și necunoscute, naturale și aparent miraculoase. Poate schimba cursul destinului, învia morții, arunca munții în mare și crea noi sisteme solare.

Omul, ca imagine a lui Dumnezeu, posedă în sinea sa această putere a de realiza orice. A descoperi, prin intermediul meditației[1] corecte, cum să fie în armonie cu Voința Divină este datoria de căpătâi a omului.

Sub influența erorii, voința umană ne

---

[1] Meditația este acea formă specială de concentrare în care atenția a fost eliberată, cu ajutorul tehnicilor științifice yoga, de neliniștea stării de conștiință corporală și este concentrată numai asupra lui Dumnezeu. *Lecțiile Self-Realization Fellowship* dau instrucțiuni detaliate cu privire la această știință a meditației. *(Nota editorului)*

amăgeşte, însă călăuzită de înţelepciune, voinţa umană este în acord cu Voinţa Divină. Planul divin ce ne-a fost încredinţat e deseori ascuns de conflictele vieţii umane şi astfel pierdem busola interioară care ne-ar fi putut ţine departe de prăpastia nefericirii.

Iisus a spus: „Facă-se voia Ta". Când omul îşi pune în armonie voinţa cu voinţa lui Dumnezeu, călăuzită de înţelepciune, el foloseşte Voinţa Divină. Prin folosirea tehnicilor corecte de meditaţie, dezvoltate din timpuri străvechi de înţelepţii Indiei, toţi oamenii pot intra în armonie perfectă cu voinţa Tatălui Ceresc.

Din Oceanul Abundenței

———

Așa cum toată puterea provine din voința Sa, tot așa și darurile materiale și spirituale decurg din abundența Sa nemărginită. Pentru a-I primi darurile, trebuie să vă scoateți din minte toate gândurile de limitare și sărăcie. Mintea Universală este perfectă și nu cunoaște lipsa; pentru a ajunge la acest rezervor, niciodată deficitar, trebuie să vă mențineți conștiința abundenței. Chiar și atunci când nu știți de unde va veni următorul bănuț, refuzați să cădeți pradă îngrijorării. Când faceți tot ce vă stă în putere și aveți încredere că Dumnezeu este de partea voastră, veți observa că forțe misterioase vă vin în ajutor și că dorințele voastre constructive se materializează în curând. Această încredere și conștiință a abundenței se obțin prin meditație.

Dumnezeu fiind sursa întregii puteri mentale, a păcii și a prosperității, *nu voiți și acționați mai întâi, ci întâi de toate chemați-L pe Dumnezeu.* În acest fel, vă veți putea valorifica voința și activitatea pentru atingerea celor mai înalte idealuri. Așa cum nu vă puteți face auziți printr-un microfon stricat, tot așa nu puteți transmite rugi printr-un microfon mental dereglat de neliniște. Prin calm profund, trebuie să vă reparați microfonul mental și să vă măriți receptivitatea intuiției. Astfel veți deveni capabili să transmiteți eficient și să Îi primiți răspunsurile.

Calea Meditației

După ce v-ați reparat radioul mental și ați intrat pe frecvența vibrațiilor constructive, cum le puteți oare folosi pentru a ajunge la Dumnezeu? Calea o reprezintă metoda corectă de meditație.

Folosind puterea de concentrare și de meditație, puteți direcționa forța nelimitată a minții pentru a obține tot ce doriți și a baricada toate portițele de eșec. Toți oamenii de succes dedică mult timp concentrării adânci. Ei sunt capabili să se afunde în profunzimile minții lor și să găsească perlele soluțiilor potrivite pentru problemele cu care se confruntă. Dacă veți învăța cum să vă depărtați mintea de la toate lucrurile care o distrag și să o îndreptați asupra unui obiect unic de concentrare, veți ști și voi să atrageți prin voință tot ce vă trebuie.

Înainte de a demara un proiect important, stați liniștiți, calmați-vă simțurile și gândurile și meditați profund. Astfel, veți fi îndrumați de puterea creatoare a Spiritului. Apoi folosiți toate mijloacele materiale necesare pentru a vă atinge scopul.

Lucrurile de care aveți nevoie în viață sunt acelea care vă vor ajuta să vă îndepliniți menirea. Lucrurile pe care le doriți, dar de care nu aveți nevoie, vă pot îndepărta de acel scop. Succesul se obține numai făcând ca totul să conlucreze pentru atingerea obiectivului principal.

Măsura Succesului Este Fericirea

———

Gândiți-vă dacă îndeplinirea țelului pe care vi l-ați stabilit echivalează cu obținerea succesului. Ce *este* succesul? Dacă aveți parte de sănătate și bogăție, dar aveți probleme cu toată lumea (inclusiv cu voi înșivă), atunci viața nu vă este încununată de succes. Existența devine zadarnică dacă nu puteți găsi fericirea. *Când îți pierzi averea, ai pierdut puțin; când îți pierzi sănătatea, ai pierdut ceva mai de preț; dar, când ai pierdut pacea minții, ai pierdut cea mai de preț comoară.*

Așadar, succesul trebuie măsurat cu rigla fericirii, prin capacitatea de a fi în pașnică armonie cu legile cosmice. Succesul nu este măsurat

corect dacă folosim standardele lumești de bo-
găție, prestigiu și putere. Nici-unul dintre aces-
tea nu aduce fericirea, decât atunci când este fo-
losit în chip just. Pentru a le folosi în mod just,
individul trebuie să fie înzestrat cu înțelepciune
și dragoste de Dumnezeu și de oameni.

Dumnezeu nu vă răsplătește și nici nu vă pe-
depsește. El v-a dat puterea să vă răsplătiți sau
să vă pedepsiți singuri, prin folosirea corectă
sau greșită a propriei voastre rațiuni și voințe.
Dacă încălcați legile sănătății, prosperității și
înțelepciunii, veți suferi inevitabil de boală, să-
răcie și ignoranță. Totuși, trebuie să vă căliți
mintea și să refuzați să purtați povara slăbiciu-
nilor mentale și morale adunate pe parcursul
anilor trecuți; ardeți-le în focul hotărârilor
voastre divine prezente și al acțiunilor juste.
Adoptând această atitudine constructivă, veți

obţine libertatea.

Fericirea depinde într-o oarecare măsură de condiţiile externe, dar ţine în primul rând de atitudinea mentală. Pentru a fi fericiţi, trebuie să fiţi sănătoşi, să aveţi o minte echilibrată, o viaţă prosperă, muncă pe măsură, o inimă recunoscătoare şi, mai ales, înţelepciune sau cunoaşterea lui Dumnezeu.

O hotărâre fermă de a fi fericiţi vă va ajuta. Nu aşteptaţi schimbarea circumstanţelor, gândind în chip eronat că ele reprezintă problema. Nu faceţi din nefericire un obicei cronic, deprimându-vă şi pe voi, şi pe cei din jur. E o binecuvântare pentru voi şi pentru ceilalţi să fiţi fericiţi. Dacă aţi dobândit fericirea, aveţi totul; să fiţi fericiţi înseamnă să fiţi în consonanţă cu Dumnezeu. Puterea de a fi fericit vine prin meditaţie.

PUNEȚI PUTEREA LUI DUMNEZEU ÎN SPATELE EFORTURILOR VOASTRE

Eliberați-vă în scopuri constructive puterea pe care o posedați deja, și o să primiți mai multă. Înaintați pe drumul vostru cu hotărâre nestrămutată, folosind toate atributele succesului. Puneți-vă de acord cu puterea creatoare a Spiritului. Veți fi în contact cu Inteligența Infinită, capabilă să vă îndrume și să rezolve toate problemele. Din Sursa dinamică a ființei voastre va curge neîntrerupt puterea ce-o să vă facă capabili să funcționați creativ în orice sferă de activitate.

Înainte de a lua o hotărâre într-o chestiune importantă trebuie să reflectați în liniște, cerând Tatălui binecuvântarea. Atunci, în spatele puterii

voastre va fi puterea lui Dumnezeu; în spatele min-
ții voastre, mintea Lui; în spatele voinței voastre,
voința Lui. Când Dumnezeu lucrează alături de
voi, nu puteți eșua; orice aptitudine pe care o pose-
dați se va amplifica. Când munciți cu gândul că-L
slujiți pe Dumnezeu, primiți binecuvântarea Sa.

Dacă munca voastră este umilă, nu vă cereți
scuze. Fiți mândri că îndepliniți datoria pe care v-a
încredințat-o Tatăl. El are nevoie de voi într-un loc
anume; nu toți oamenii pot juca același rol. Atâta
timp cât trudiți ca să-L mulțumiți pe Dumnezeu,
toate forțele cosmice vor coopera armonios.

Dacă-L veți convinge pe Dumnezeu că-L do-
riți mai presus de toate, veți fi în acord cu voința
Lui. Dacă veți continua să-L căutați indiferent de
obstacolele ce încearcă să vă îndepărteze de El, vă
veți folosi voința umană în aspectul său cel mai
constructiv. Astfel veți activa legea succesului,

cunoscută înțelepților din vechime și înțeleasă de toți oamenii care au obținut cu adevărat succesul. Puterea divină este a voastră dacă faceți un efort hotărât de a o folosi pentru a dobândi sănătate, fericire și pace. Pe măsură ce veți îndeplini aceste idealuri, veți înainta pe drumul Sinelui spre casa voastră adevărată întru Dumnezeu.

AFIRMAȚIE

Tată Ceresc, mă angajez să gândesc, să voiesc, să acționez, dar te rog numai, ghidează-mi Tu rațiunea, voința și activitatea spre ceea ce este cel mai bine pentru mine, arată-mi ce am de făcut.

Despre Autor

Paramahansa Yogananda (1893-1952) este cunoscut în lumea întreagă drept una dintre cele mai de vază figuri spirituale ale vremurilor noastre. S-a născut în nordul Indiei, iar în 1920 a ajuns în Statele Unite. Vreme de mai bine de treizeci de ani, a contribuit în nenumărate chipuri la o mai bună conştientizare şi apreciere de către Occident a înţelepciunii perene a Orientului – prin scrieri, lungi turnee de conferinţe şi crearea a numeroase temple şi centre de meditaţie sub egida Self-Realization Fellowship[1]. Povestea vieţii sale, *Autobiografia unui yoghin*, unanim apreciată, la fel ca şi numeroasele sale scrieri şi seria cuprinzătoare de lecţii pentru studiul personal, au contribuit la iniţierea a milioane de cititori în străvechea ştiinţă indiană şi în metodele prin care se pot obţine starea de bine şi echilibrul dintre corp, minte şi suflet. În zilele noastre,

---

[1] Ad litteram, „Societatea pentru Realizarea Sinelui". Paramahansa Yogananda a explicat că numele Self-Realization Fellowship înseamnă „Asocierea cu Dumnezeu prin realizarea Sinelui şi prietenia cu toate sufletele în căutarea adevărului". Vezi şi „Scopuri şi idealuri ale Self-Realization Fellowship".

efortul umanitar și spiritual început de Paramahansa Yogananda continuă sub călăuzirea lui Brother Chidananda, în prezent președinte al Self-Realization Fellowship/Yogoda Satsanga Society of India.

CĂRȚI ÎN LIMBA ROMÂNĂ
DE PARAMAHANSA YOGANANDA

Autobiografia unui Yoghin

Legea succesului

Meditații metafizice

Afirmații științifice pentru vindecare

Viața fără frică. Descoperă puterea lăuntrică a sufletului

Paramahansa Yogananda. Vorbe Înțelepte

CĂRȚI ÎN LIMBA ENGLEZĂ
DE PARAMAHANSA YOGANANDA

Autobiography of a Yogi

God Talks with Arjuna; The Bhagavad Gita
O nouă traducere, însoțită de comentarii.

The Second Coming of Christ:
The Resurrection of the Christ Within You
Un comentariu revelator asupra învăţăturilor autentice ale
lui Iisus.

Man's Eternal Quest
Volumul I al prelegerilor şi cuvântărilor neoficiale ale lui
Paramahansa Yogananda.

The Divine Romance
Volumul II al prelegerilor, cuvântărilor neoficiale şi eseuri-
lor lui Paramahansa Yogananda.

Journey to Self-Realization
Volumul III al prelegerilor şi cuvântărilor neoficiale ale lui
Paramahansa Yogananda.

Wine of the Mystic:
The Rubaiyat of Omar Khayyam — A Spiritual Interpretation
Un comentariu inspirat, care scoate la lumină ştiinţa mis-
tică a comuniunii cu Dumnezeu, ascunsă în spatele imagis-
ticii enigmatice a operei literare Rubaiyat.

Where There Is Light:
Insight and Inspiration for Meeting Life's Challenges

Whispers from Eternity
O colecție de rugăciuni și experiențe divine trăite în stări
elevate de meditație de către Paramahansa Yogananda

The Science of Religion

The Yoga of the Bhagavad Gita:
An Introduction to India's Universal Science of God-Realization

The Yoga of Jesus:
Understanding the Hidden Teachings of the Gospels

In the Sanctuary of the Soul:
A Guide to Effective Prayer

Inner Peace:
How to Be Calmly Active and Actively Calm

To Be Victorious in Life

Why God Permits Evil and How to Rise Above It

Living Fearlessly:
Bringing Out Your Inner Soul Strength

How You Can Talk With God

Metaphysical Meditations
Peste 300 de meditații, rugăciuni și afirmații înălțătoare spiritual.

Scientific Healing Affirmations
Paramahansa Yogananda prezintă în această lucrare o explicație profundă a științei afirmației.

Sayings of Paramahansa Yogananda
O colecție de citate și sfaturi înțelepte, conținând răspunsurile pline de iubire și sinceritate pe care Paramahansa Yogananda le-a dat celor veniți la el pentru îndrumare.

Songs of the Soul
Poezie mistică scrisă de Paramahansa Yogananda.

The Law of Success
Prezintă principiile dinamice cu ajutorul cărora ne îndeplinim scopurile în viață.

Cosmic Chants
Versurile (în engleză) și muzica pentru cele 60 de cântece devoționale, însoțite de o introducere unde se explică modul în care incantația spirituală poate duce la comuniunea cu Dumnezeu.

ÎNREGISTRĂRI AUDIO
CU PARAMAHANSA YOGANANDA

Beholding the One in All

The Great Light of God

Songs of My Heart

To Make Heaven on Earth

Removing All Sorrow and Suffering

Follow the Path of Christ, Krishna, and the Masters

Awake in the Cosmic Dream

Be a Smile Millionaire

One Life Versus Reincarnation

In the Glory of the Spirit

Self-Realization: The Inner and the Outer Path

ALTE PUBLICAȚII ALE
SELF-REALIZATION FELLOWSHIP

Un catalog complet cu toate publicațiile și înregistrările audio/video este disponibil la cerere.

The Holy Science
de Swami Sri Yukteswar

Only Love:
Living the Spiritual Life in a Changing World
de Sri Daya Mata

Finding the Joy Within You:
Personal Counsel for God-Centered Living
de Sri Daya Mata

Enter the Quiet Heart:
Creating a Loving Relationship With God
de Sri Daya Mata

God Alone:
The Life and Letters of a Saint
de Sri Gyanamata

„Mejda":
The Family and the Early Life of Paramahansa Yogananda
de Sananda Lal Ghosh

Self-Realization
(revistă trimestrială fondată de Paramahansa Yogananda
în 1925)

DVD (documentar)

AWAKE:The Life of Yogananda.
Un film produs de CounterPoint Films

Un catalog complet al tuturor publicațiilor și înregistrărilor
audio/video, inclusive înregistrări rare de arhivă cu
Paramahansa Yogananda, este disponibil pe

www. srfbooks.org

LECȚIILE SELF-REALIZATION FELLOWSHIP

Tehnicile științifice de meditație, predate de către Paramahansa Yogananda, incluzând Kriya Yoga --- precum și indicațiile sale cu privire la toate aspectele unei vieți spirituale echilibrate --- sunt prezentate în *Self-Realization Fellowship* Lessons.

Pentru mai multe informații...

Vă rugăm să vizitați www.srflessons.org pentru a cere informații suplimentare despre Lecții.

SCOPURI ŞI IDEALURI ALE
SELF-REALIZATION FELLOWSHIP

Aşa cum au fost ele formulate
de către Paramahansa Yogananda, Fondator
Brother Chidananda, Preşedinte

Să răspândească în rândul naţiunilor cunoaşterea unor tehnici ştiinţifice precise, necesare pentru a dobândi trăirea personală, directă, a lui Dumnezeu.

Să înveţe omenirea că scopul vieţii este evoluţia de la conştiinţa limitată a muritorului de rând la Conştiinţa Divină, prin efort propriu; şi, în acest scop, să întemeieze pretutindeni în lume, temple ale Self-Realization Fellowship care să faciliteze comuniunea cu Dumnezeu, precum şi să încurajeze întemeierea de temple individuale ale lui Dumnezeu în căminele şi în inimile oamenilor.

Să dezvăluie armonia deplină şi uniunea fundamentală dintre învăţăturile Creştinismului originar, propovăduit de Iisus Christos, şi învăţăturile din Yoga originară, propovăduite de Bhagavan Krishna; şi să arate că aceste principii ale adevărului constituie fundamentul științific comun al tuturor religiilor adevărate.

Să evidențieze singura cale divină rapidă spre care conduc, în final, toate cărările crezurilor religioase adevărate: calea meditației științifice zilnice, pline de evlavie, asupra lui Dumnezeu.

Să elibereze omul de întreita sa suferință: boala fizică, dizarmonia mentală și ignoranța spirituală.

Să încurajeze „viața simplă și gândirea elevată"; și să răspândească spiritul frăției între toate popoarele, învățându-le baza eternă a unității lor: înrudirea cu Dumnezeu.

Să demonstreze superioritatea minții asupra trupului și a sufletului asupra minții.

Să biruiască răul prin bine, tristețea prin bucurie, cruzimea prin blândețe, ignoranța prin înțelepciune.

Să unească știința și religia prin înțelegerea unității principiilor lor fundamentale.

Să promoveze înțelegerea culturală și spirituală dintre Orient și Occident, precum și schimbul reciproc între cele mai alese trăsături distinctive ale fiecăruia.

Să slujească omenirea ca pe Sinele său lărgit.

www.ingramcontent.com/pod-product-compliance
Lightning Source LLC
Chambersburg PA
CBHW020952030426
42339CB00004B/66